Victor Schultze

Die Quedlinburger Itala-Miniaturen der Königlichen Bibliothek in Berlin

Victor Schultze

Die Quedlinburger Itala-Miniaturen der Königlichen Bibliothek in Berlin

ISBN/EAN: 9783743448957

Hergestellt in Europa, USA, Kanada, Australien, Japan

Cover: Foto ©ninafisch / pixelio.de

Manufactured and distributed by brebook publishing software (www.brebook.com)

Victor Schultze

Die Quedlinburger Itala-Miniaturen der Königlichen Bibliothek in Berlin

DIE

QUEDLINBURGER ITALA-MINIATUREN

DER

KÖNIGLICHEN BIBLIOTHEK IN BERLIN.

———•———

FRAGMENTE DER ÄLTESTEN CHRISTLICHEN BUCHMALEREI

HERAUSGEGEBEN

VON

DR. VICTOR SCHULTZE

PROF. A. D. UNIVERSITÄT GREIFSWALD

MIT SIEBEN TAFELN UND ACHT TEXTBILDERN

MÜNCHEN 1898
C. H. BECK'SCHE VERLAGSBUCHHANDLUNG
OSKAR BECK

Druck von Fischer & Wittig in Leipzig.

VORWORT.

Die Fragmente altchristlicher Buchmalerei, welche ich hiermit der Öffentlichkeit übergebe, sind der Aufmerksamkeit der Archäologen und Kunsthistoriker bisher entgangen. Schon als Bereicherung unseres kleinen Besitzes an älteren Miniaturen dürfen diese Trümmer eines untergegangenen grossen illustrierten Bibelwerkes Anspruch auf Beachtung erheben. Eine aussergewöhnliche Bedeutung aber gewinnen sie dadurch, dass sie sich als älteste Erzeugnisse der christlichen Buchmalerei und als einzige Repräsentanten dieser Kunsttechnik auf römischem Boden innerhalb der Grenzen des kirchlichen Altertums erweisen lassen.

In meinen Ausführungen habe ich mich auf das für das Verständnis Notwendige beschränkt. Eine Würdigung des nicht unwichtigen Textes, der hier zum erstenmal zusammengefasst gegeben wird, lag ausserhalb meiner Aufgabe und muss anderen überlassen bleiben.

Seiner Excellenz, dem Herrn Kultusminister Dr. D. Bosse sind Verleger und Herausgeber für wohlwollende Förderung dieser Publikation zu Dank verpflichtet.

Victor Schultze

Porträt der Dionysas. Wandgemälde des 3. Jahrh. in S. Callisto in Rom.

I.

Die Sitte der Buchillustration hat die christliche Kunst aus der Antike übernommen. Ehrung der heiligen Bücher, Freude an künstlerischer Ausgestaltung der Handschriften und nicht zum mindesten der praktische Gesichtspunkt der Unterweisung in Schule und Haus regten dazu an. Der Schreiber und der Maler reichten sich in der Herstellung die Hand. Die Überlieferung der heiligen Schriften in Rollenform (volumen), die bis gegen Ende des dritten Jahrhunderts festgehalten wurde,[1] erschwerte die Einführung der Malerei in den Text; erst die Ersetzung der Rolle durch das Buch (codex) bahnte eine folgenreiche Wendung an. Wie immer indes die

---

[1] Victor Schultze, Rolle und Codex (Greifswalder Studien, Gütersloh 1895, S. 149 ff.).

Verbindung von Schrift und Bild sich vollzog, ein organischer Zusammenhang ist nicht erreicht, auch wohl nicht gesucht worden. Das Bild liegt verbindungslos unter oder in dem Texte.¹) Erst eine spätere Zeit hat darüber hinausgeführt.

Wenn schon Gesamtbibeln in der alten Kirche selten waren, so hat es schwerlich je ganze illustrierte Bibeln gegeben. Der Text pflegte in einzelnen Gruppen zusammengeheftet und benutzt zu werden; so etwa Pentateuch, Hexateuch, Propheten, Psalter im Alten Testamente und die Evangelien, die Paulinischen Briefe, die Apostelgeschichte u. s. w. im Neuen Testamente. Das Zeugnis der Handschriften trifft in dieser Richtung durchaus mit den Aussagen der litterarischen Quellen zusammen.²)

Als das hervorragendste Denkmal altchristlicher Buchmalerei gilt mit Recht die illustrierte Wiener Genesis, wahrscheinlich aus dem Anfange oder wenigstens aus der ersten Hälfte des fünften Jahrhunderts, in welcher die Erfassung eines christlichen Erzählungsstoffes durch antike Formen und antiken Geist in einzigartiger Weise vollzogen ist.³) Auch in den Miniaturen der Josuarolle, dieses Schulbilderbuches zu den Thaten des Helden Josua, mag man nun die Entstehung im fünften oder im sechsten Jahrhundert oder im Übergange des einen zum anderen finden wollen, lebt und webt Phantasie und Sinn des Altertums fast ungebrochen.⁴) Was dagegen sonst noch sich anreiht, die leider nur noch in Trümmern vorhandenen

---

[1]) Franz Wickhoff, Die Ornamente eines altchristlichen Codex der Wiener Hofbibliothek (Jahrbuch der Kunstsammlungen des Allerhöchsten Kaiserhauses, XIV. Wien, 1893).

[2]) Theod. Zahn, Geschichte des neutestamentlichen Kanons, I. Leipzig, 1888, S. 60 ff.

[3]) Ausgabe von Wilh. v. Hartel und Franz Wickhoff, Wien, 1895.

[4]) R. Garrucci, Storia della arte cristiana, t. 157—167.

Genesisillustrationen des Codex Cottonianus, ein neutestamentlicher Cyklus in einer Evangelienhandschrift in Rossano, die gross angelegten Bilder zu der „Christlichen Topographie" des Indienfahrers Kosmas und einige syrische Miniaturen,[1]) kleidet sich wohl noch in das Gewand der Antike, hat aber die innere Verbindung mit derselben, wenige zufällige Ausnahmen abgerechnet, zerrissen.

Diese Malereien sind aus der Hand griechisch-christlicher oder syrisch-christlicher Illustratoren hervorgegangen. Die ersten Bezeugungen lateinisch-christlicher Buchmalerei dagegen fand man bisher erst im Anbruche des Mittelalters, etwa im siebenten Jahrhundert, nämlich in einem Cambridger Evangeliarium mit kleinen Bildchen[2]) und in dem bekannteren Ashburnham Pentateuch.[3]) In dieser Reihe haben die Fragmente, denen diese Publikation gilt, ihre bedeutsame Stelle, indem sie dieselbe nicht nur eröffnen, sondern überhaupt zeitlich allem vorangehen, was wir gegenwärtig von altchristlichen Miniaturen kennen.

Im Jahre 1865 stellte Archivrat v. Mülverstedt in Magdeburg in zwei aus dem Regierungsarchiv ihm zugewiesenen Pergamentblättern, welche beim Einband einer Quedlinburger Stiftsrechnung aus den Jahren 1617 und 1618 verwertet waren, den Rest einer mit Miniaturen ausgestatteten Italahandschrift fest. Bald darauf, im Jahre 1869 entdeckte Oberbürgermeister Brecht in Quedlinburg zwei weitere, in gleicher Weise beim Heften eines Quedlinburger Polizeiedikts vom Jahre 1624 nutzbar gemachte, illu-

---

[1]) Vergl. darüber meine Archäologie der altchristlichen Kunst, München 1895, S. 193 ff. und F. X. Kraus, Geschichte der christlichen Kunst, I. Freiburg 1896, S. 447 ff.

[2]) Bibliothek des Corpus Christi College n. 286. Palaeographical Society, Taf. 34; 44.

[3]) The Miniatures of the Ashburnham Pentateuch, edited by O. v. Gebhardt, London 1883.

strierte Blätter aus derselben Handschrift. Beide befinden sich jetzt in der Königl. Bibliothek in Berlin (Ms. theol. lat. Fol. 485). Dazu kam endlich 1887 ein durch Adalbert Düning im Archiv der Oberpfarre zu St. Servatii in Quedlinburg am Einbande eines Kommunikantenregisters von 1619 bis 1621 bemerktes fünftes Blatt ohne Malereien, dessen Text sich genau an das Magdeburger Fragment anschliesst („Ein neues Fragment des Quedlinburger Itala-Codex" im Quedlinburger Gymnasialprogramm 1888). Dasselbe wird in der Sammlung der Schlosskirche aufbewahrt.

Den ersten Bericht über die Funde erstattete v. Mülverstedt: „Über den Kirchenschatz des Stiftes Quedlinburg. III. Das Itala-Fragment." (Zeitschrift des Harzvereins, 1874, S. 251—263). Ihm folgte W. Schum: „Die Quedlinburger Fragmente einer illustrierten Itala" (Theol. Studien und Kritiken, 1876, S. 121—134). Die kunsthistorische und archäologische Forschung hat indes keine Kenntnis davon genommen; nur Wilhelm Lüdtke (Untersuchungen zu den Miniaturen der Wiener Genesis, Greifswald 1897, S. 39) hat darauf hingewiesen und eine nähere Untersuchung für erwünscht erklärt. In der That haben jene Erstgenannten in ihren verdienstvollen Bemühungen um das Verständnis und die Beurteilung der fraglichen Fragmente nicht nur wichtige Fragen gänzlich übersehen oder nur unvollständig erledigt, sondern es ist ihnen auch, was noch mehr ins Gewicht fällt, die grundlegende Bedeutung und Tragweite überhaupt dieses frühchristlichen Denkmals verborgen geblieben.

Die Fragmente bestehen aus fünf, aus ihren ursprünglichen Lagen gelösten Blättern. Diese, deren keines mit unversehrtem Rande erhalten ist, messen rund 26 cm in die Breite und rund 30 cm in die Höhe. Auf vier Blättern ist je eine Seite dem Texte und den Miniaturen vorbehalten. Das fünfte Blatt ist auf beiden Seiten beschrieben. Demnach ist die Malerei nicht folgerichtig durchgeführt. Einschränkungen mögen dadurch geboten worden sein, dass der Text ohne Abkürzungen gegeben war, während er beispielsweise in der Wiener Genesis zusammengezogen ist. Der Text ist in vier Fällen in zwei Kolumnen zu 26 Zeilen geschrieben, während ein Blatt (Taf. VII) mit 22 Zeilen abschliesst. Für die Breite der Kolumnen sind durchschnittlich 10 cm inne gehalten. Bei der Verwendung als Buchdeckel sind zwei Kolumnen (vergl. Taf. VII) durch Beschneidung des Blattes seitens des Buchbinders verstümmelt worden.

Der Beschreibestoff ist dünnes, weisses Pergament. Als Schreibestoff diente eine schwarze Tinte, welche das Pergament teilweise so angegriffen hat, dass auf der anderen Seite die Schrift sichtbar geworden ist. Vereinzelt ist dadurch der Beschreibestoff sogar durchgefressen. Ausserdem haben üble Behandlung und die natürlichen Wirkungen der Zeit grössere und kleinere Lücken verursacht. Dreimal sind die drei ersten Zeilen der ersten Kolumne in roter Farbe geschrieben.

Die Bildseite ist in drei Fällen (die Tafeln I—VI) durch breite, rote Streifen, deren Vorzeichnung jetzt sichtbar ist, in vier Felder geteilt, in denen die Bilder ruhen. Nur auf einem der Magdeburger Blätter ist die Fläche durch einen Querstrich in zwei längliche Felder zerlegt. Ein Blatt ist bildlos. Demnach beläuft sich die Zahl der Bilder auf vierzehn. Die Erhaltung ist leider eine mässige. Die Verkleisterung und die vielleicht nicht hinreichend vorsichtige Ablösung sind den Malereien äusserst nachteilig geworden; möglicherweise waren sie auch schon vorher in schlechter Beschaffenheit.

Ausgeführt wurden die Bilder durch eine Hand. Auffassung, Stil, Farbe sind durchaus einheitlich. Die Technik unterscheidet sich nicht von der in der Buchillustration vorwaltenden Malweise.[1] Ausschliesslich sind

---

[1] Über die Farben in der antiken Malerei vergl. die sorgfältigen Untersuchungen von Hugo Blümner, Technologie und Terminologie der Gewerbe und Künste bei Griechen und Römern. IV. Leipzig, 1887, S. 465 ff.

Deckfarben benutzt, auf denen die Lichter scharf aufgesetzt sind. Rothbraun in verschiedener Tönung ist mit Vorliebe gebraucht. Bemerkenswert ist nur die häufige Anwendung des Goldes; so dient es oft zur Sonderung der einzelnen Teile an den Gewändern und sonst an Stelle schwarzer Linien. Die Vorzeichnung auf dem Pergament ist infolge der Abblätterung der Farben mehrfach zum Vorschein gekommen. Den Hintergrund deckt ausnahmslos Farbe und zwar in der Weise, dass der Boden, auf welchem die Scenen abspielen, braungrün, die Luft blau gefärbt ist. Durch diese blaue Luft zieht sich in der Höhe jetzt ein rosafarbener lichter Streifen, der wahrscheinlich nur durch Zersetzung der Farben entstanden ist. Nur einmal steigt eine hoch liegende Stadt im Hintergrunde auf.

Will man die von Franz Wickhoff in seiner Ausgabe der Wiener Genesisminiaturen (S. 162 f.) entwickelte Gruppierung in Anwendung bringen, so wird man den Maler zu den Miniaturisten zählen müssen. „Der Miniaturist drängt überall auf eine kleine einfache Erzählung nach dem Texte, dessen Inhalt er zumeist in kontinuierender Darstellungsart wiedergiebt. Die Kompositionen sind einfach, rein sachlich. Die Figuren sind in Fleisch und Gewändern lebhaft gefärbt, die Gewänder meist in den ungebrochenen Tönen des Pigments oder wenigstens gleichmässig im Tone der vorbereiteten Mischung mit dunkeleren und helleren Nuancen, die sich deutlich voneinander absetzen, modelliert und die Sonderung der Teile im Fleisch sowohl als in den Gewändern durch auf die Farben gezeichnete schwarze Linien vollendet. Nur weisse Gewänder sind noch wirklich malerisch behandelt." Diese Charakteristik des Malers der ersten Bilder der Wiener Genesis trifft durchaus auf unsere Miniaturen zu.

Archäologisch wertvoll sind diese Fragmente noch dadurch, dass sie uns längere oder kürzere Malanweisungen bekannt machen, welche der Schreiber der Handschrift in Kursive als Anleitung für den Maler entwarf und die nun durch das Abbröckeln der Farbschrift in grösserem oder geringerem Umfange hervorgetreten sind. Mit „Facis" anhebend, summieren sie kurz den Text, den der Maler zu illustrieren angewiesen wurde. Der Lesung, um die sich Schum besonders bemüht hat, stehen zum Teil unüberwindliche Schwierigkeiten entgegen, weil keine einzige dieser Aufschriften vollständig hervorgetreten ist und die übrigen mehr oder weniger undeutlich geworden sind.[1]) Von diesen, mit schwarzer Tinte ausgeführten Inschriften sind zu unterscheiden die in Goldschrift hergestellten Majuskelaufschriften auf dem fertigen Bilde, welche den Zweck verfolgen, dem Beschauer das Verständnis zu erleichtern. Sie markieren Personen und Handlungen. Auch hierin ist eine antike Sitte befolgt; es genügt, den älteren vatikanischen Virgil zu nennen.

Der Text der Fragmente, auf dessen Würdigung hier leider verzichtet werden muss, ist ein vorhieronymianisch lateinischer, ein Specimen der herkömmlich mit Itala bezeichneten alten, hernach durch die sog. Vulgata verdrängten Übersetzungen. Er umfasst unter der aus der griechischen Übersetzung geflossenen alten Bezeichnung *Liber Regnorum*: 1. Sam. 9, 1—8 (1. Blatt); 1. Sam. 15, 10—18 (2. Blatt); 2. Sam. 2, 29—3, 5 (3. Blatt); 1. Kön. 5, 2—9 (4. Blatt); 1. Kön. 5, 9—6, 7 (5. Blatt). Demnach gehören die Blätter zwar sämtlich dem Königsbuche an, sind aber bis auf die beiden letzten zusammenhangslos. Vermutungen über den einstigen Umfang dieses Illustrationswerkes dürfen nur mit Vorsicht ausgesprochen werden. Am nächsten liegt ein Codex, welcher die Geschichtsbücher zwischen Pentateuch und Propheten, also ausser den durch die Fragmente festgestellten Büchern Samuelis und der Könige Josua, Richter, Ruth rückwärts und abwärts bis zu Esther enthielt. Ebensowohl aber kann in dieser Gruppe geschichtlicher Bücher eine Teilung stattgefunden haben, etwa nach Chronika.

Über die Herkunft der Handschrift hat v. Mülverstedt die ansprechende Vermutung ausgesprochen, dass einer der sächsischen Kaiser sie aus Italien mitbrachte und dem Stift Quedlinburg als Geschenk übergab. Die Verzeichnisse des Besitzes des Stiftes, die hinter 1618 zurückliegen, gehen in ihrer zum Teil ganz allgemeinen Ausdrucksweise leider keine sichere Auskunft. Dass die Blätter in einem kostbaren Einbande lagen, muss angenommen werden, und dieser Umstand dürfte die Veräusserung des prächtigen transalpinischen Codex veranlasst haben, dessen Pergamentblätter schliesslich in die Werkstätte eines Quedlinburger Buchbinders gewandert sind.

Sarkophag in Ravenna (S. Maria in Porto).

II.

DAS ERSTE BLATT (aus Quedlinburg). Der Text (v. Mülverstedt a. a. O. S. 261; Schum a. a. O. S. 123) umfasst 1. Sam. 9, 1—8. Die erste Kolumne ist zum Teil weggeschnitten und auch in der zweiten sind einige Buchstaben beschädigt. Die drei ersten Zeilen der ersten Kolumne sind in Rot geschrieben. In der zweiten Kolumne Z. 19 tritt E aus der Vertikallinie heraus. Die Ergänzungen sind von mir nach der Septuaginta und der Vulgata vollzogen. Die Einklammerungen bezeichnen, wie auch weiterhin, die verstümmelten Buchstaben. Die Ligaturen sind überall aufgelöst. Die Überschrift *Regnorum* ist in kleineren Buchstaben ausgeführt als der Text. An der rechten Seite der zweiten Kolumne sind noch Reste der Bildeinfassungen des verlorenen abgeschnittenen Blattes sichtbar.

```
           REGNORUM
               I.
       (v)IREXFILIISBENIA
       minetNOMENEIERAT
       cisfillusaBIELFILISARARAE
       filiibacHIRFILIARETFILI
     5 virile(m)NAEI
       virpotENSETHUICFI
       liuser(a)TETNOMENEI
       eratsa(u)LSTATURABO
       nusviRBONUSNON
```

10 eratvl(r)NEMOMELIOR
super(h)UNCINFILIISIS
traheINEQUELONGIOR
superhuMEROSEIUSSU
pertot(a)MTERRAM
15 etperierUNTASINAEPA
trissauLISCISETDIXIT
cisadsaULFILIUMSUUM
tolleunumEPUERISETSUR
giteetITEETQUAERITE
20 asinasETTRANSIERUNT
permonNTEMEFREMet
traNSIERUNTPERter
raMSELIHAETNON
invenERUNTETTRANS
25 ieru(n)TPERTERRAMSA
galINETnoninve

II.

NERUNTETTRANSIERUNT
PERTERRAMLAMINET
NONINUENERUNTET
INTRAUERUNTINSIPHĀ
5 ETSAULDIXITPUEROSUO
QUICUMEOERATUENI
REUERTAMURNERELE
UATUSPATERMEUSNEG
LEGATDEASINISETSOLLI
10 CITUSSITPRONOBISETDI
XITEIPUERECCEHOMO
dēiINHACESTCIUITATE·
ETHOMOPRAECLARUS·

```
    ETQUIDQUIDLOCUTUSFUE
 15 RITCONTINGETETNUNC
    EAMUSUTINDICETNO
    BISUIAMNOSTRAMIN
    QUAPROFECTISUMUS
    ETDIXITSAULPUEROSUO
 20 ECCEIBIMUSETQUIDOFFE
    REMUSEIQUONIAMPA
    NESDEFECERUNTNOBIS·
    UTOFFERAMUSHOMINI
    DEIQUODSUFFICIATNO
 25 BISETRESPONDITPUER
    SAULIETDIXITECCEINUĒ
```

Die andere Blattseite trägt vier Illustrationen, die von links nach rechts inhaltlich sich folgen. Dieselben stehen zu dem gegebenen Texte in keiner Beziehung. Die Worte, auf welchen die Malerei fusst, trug das im Codex folgende, verloren gegangene Blatt, welches auf beiden Seiten beschrieben vorzustellen ist.

Erstes Bild. Taf. I oben. (1. Sam. 10, 2.) Samuel hat den zum Aufsuchen der verlorenen Eselinnen seines Vaters ausgesandten Saul zum Erweise seiner Auktorität vorausverkündigt, dass ihm neben dem Grabe der Rahel zwei Männer begegnen und die Wiederfindung melden würden. Das Eintreffen dieser Voraussage ist der Inhalt des Bildchens.

Neben einem hohen steinernen, von Goldlinien umzogenen Pfeiler, den unten Buschwerk umgiebt und oben ein vorspringender Aufsatz mit Dach krönt — das Grabdenkmal der Rahel — steht in vornehmer Haltung Saul, eine kräftige Gestalt mit kurzem Kinnbart, und wendet sein Antlitz aufmerksam zwei an ihn herantretenden Männern zu. Seine Gewandung ist die eines Kriegers höheren Ranges. Ein roter Mantel fällt ihm tief über

Rücken und linke Schulter herab. In der Hand trägt er einen vergoldeten Speer. Ein Knabe in Tunika und goldfarbenem Überwurf begleitet ihn (1. Sam. 9, 3 Vulgata: unus de pueris). Die beiden Männer gegenüber in Helm und blauem Waffenrock reden, die Rechte erhebend, lebhaft auf Saul ein. Ihre Schilde sind in verschiedener Tönung rot bemalt und von einer kreuzförmigen Verzierung durchzogen. Sie bringen die Nachricht der wiedergefundenen Eselinnen.

Über dem Grabdenkmale: MONIMENTVM | RACHEL, über Saul: SAVL, über den beiden Männern: DVO VIRI NVNTIANTES | SAVL QVIA INVENTAE SVNT ASINAE. Ferner läuft über die ganze Breite des Bildes in zwei Reihen eine Malanweisung, welche beginnt *Facis monumentum*, im übrigen aber nur noch in einzelnen Buchstaben und Wortteilen vorhanden ist. Die Erscheinung Sauls in königlich kriegerischer Tracht (s. darüber unten) eilt dem Verlaufe der Erzählung, der Einsetzung in das Königtum, voraus. Die Farbe der Schilde entspricht der Wirklichkeit, wie auch die Verzierung, die schwerlich als christliches Kreuzeszeichen verstanden sein will (vergl. Notitia dignitatum ed. Otto Seeck, Berol. 1876, S. 24, 115, 119 und sonst; anders die Schilde der Leibwache Justinians in der Apsis von S. Vitale in Ravenna). Das Grabdenkmal hat die Form einer Stele mit einem vorspringenden, von einer spitzen Bedachung bekrönten Aufsatz, dessen vordere Fläche als Träger einer Inschrift oder eines Reliefs zu denken ist, etwa in der Architektur der „Igelsäule" bei Trier (vergl. auch „Beschreibung der antiken Skulpturen in den Königl. Museen zu Berlin", Berlin 1891, S. 404 n. 999; S. 326 n. 842; Stackelberg, Gräber der Griechen, Berlin 1837, Taf. 45).

Zweites Bild. Tafel II oben. (1. Sam. 10, 3.) Die Erfüllung einer zweiten Vorhersage Samuels: an der Eiche Thabor werden ihm drei Männer begegnen, der eine mit drei Böcklein (Vulg.: unus portans tres hoedos), der andere mit drei Broten (et alius tres tortas panis) und der dritte mit einem Kruge Wein (et alius portans lagenam vini).

Auf dem fast bis zur Hälfte zerschnittenen Bilde erhebt sich links ein hoher Baum, neben welchem Saul, begleitet wiederum von dem Knaben, majestätisch nach rechts hin schreitet, wo ihm in lebhafter Bewegung und mit eifriger Rede ein bartloser Mann in grüner Tunika entgegentritt, der in der Linken etwas trägt, was sich nicht genauer erkennen lässt. Von seinen beiden Begleitern sind nur noch dürftige Reste da.

Über dem Haupte Sauls SAVL, über den herantretenden Männern
VIRI TREs
... M

Dazu Vugata a. a. O.: invenient te ibi tres viri ascendentes ad Deum in Bethel.

Von der ausführlichen Kursivinschrift ist jetzt mit Gewissheit nur zu lesen oben neben dem Baume *Thabor*, darunter ... *arborem glandi (feram) tres puer(i) .. unus portat tres aedos unu(s) utrem vini.*

Drittes Bild. Taf. I unten. (1. Sam. 10, 5, 10.) Zusammentreffen Sauls mit den Propheten, gleichfalls gemäss der Verkündigung Samuels.

Im Vordergrunde sehen wir Saul mit seinem Begleiter in hoch aufgerichteter fester Haltung, die Rechte in die Hüfte gestemmt. Er hat den Zipfel seines roten Mantels vornüber gezogen und richtet seine Blicke gespannt auf drei Männer, die in weisser Toga mit braunen Clavi, in den Händen Instrumente haltend, vor ihm auftreten. Der rechts stehende greift in die Saiten einer goldenen Leier (Vulgata: cithara), der mittlere schlägt mit goldenen Stäben ein Tympanon (tympanum), der dritte bläst eine (Doppel-?) Flöte (tibia).

Die Goldaufschriften lauten PVER SAOL über dem Begleiter Sauls, SAVL über diesem selbst, CHORVS PROPHETARVM über der Prophetenschar.

Unter den undeutlichen und zusammenhangslosen Resten der Kursivschrift ist eingangs *Facis* zu erkennen.

Zu den musikalischen Instrumenten ist zu vergleichen Baumeister, „Denkmäler des klassischen Altertums", I. 557, 558; III. 1663, insbesondere aus dem

Gebiete der christlichen Kunst die Orpheusbilder (meine Archäologie der altchristlichen Kunst, S. 178) und das Mahl des Pharao in der Wiener Genesis, Taf. 34.

Viertes Bild. Taf. II unten. (1. Sam. 10, 17 ff.) Saul wird durch Samuel dem Volke vorgestellt. Letzteres, in eine Gruppe geordnet, wartet in Spannung der kommenden Dinge. Voran steht ein Mann in scharf roter Ärmeltunika, über welche ein Mantel geworfen ist. Dahinter ist ein zweiter Kopf sichtbar. Der übrige Teil der Gruppe ist weggeschnitten; von der Inschrift ist nur FIL (= filii Israel, vergl. 1. Sam. 10, 18) verblieben. Von links treten Saul — Überschrift SAVL — und in heller Toga der jugendlich aufgefasste Prophet — Beischrift neben dem Haupte SAMVHEL — heran, das versammelte Volk mit den 1. Sam. 10, 24 angeführten Worten anredend. Unverständliche Reste von Kursive.

DAS ZWEITE BLATT (aus Quedlinburg). Den Inhalt des Textes (v. Mülverstedt S. 261; Schum S. 123) bildet 1. Sam. 15, 10—18 init. Durch Zerstörung des Pergaments sind in der ersten Kolumne mehrere, in der zweiten einige Buchstaben ausgefallen. Die drei ersten Zeilen der ersten Kolumne sind rot geschrieben. Z. 15 der zweiten Kolumne ist E herausgesetzt. Zu 22 ebendaselbst ist tu in kleinerer Schrift, aber in demselben Charakter nachgetragen von dem Schreiber.

REGNORUM
I.
etfactuMESTUERBum
ðÑIAðSAMUELðICENS
PAENITETMEQUONIĀ·
CONstITUISAULRE
5 GEMQUONIAMAUER
SUSESTAMEETUERBA
MEANONSTATUITET
CONtrISTATUSESTSA

```
   mueLetCLAmAuitAð
10 ðÑmtOTANOCTeeT
   ANTeluCemSAmueL
   ABIITINOBUIAmeTRe
   NUNciARUNTSAmueL
   ðiCeNTeSABIITSAULIN
15 CARmeLLUmeTSAmU
   eLAððuXITAðSemANŪ·
   eTCIRCUmeGITCURRUm·
   eTðCsceNðITINGALGA
   LAetveNITSAmueLAð
20 SAUIeTeCCeSAULOFFe
   ReBathOLOCAUSTUm
   ðÑOInITIAPRAeðARŪ·
   QUAeadTULITeXAmA
   LeCHeTPeRUeNITsA
25 mUeladsAULeTðIXIT
   eISAuIBeNeðICTUSTU
```

II.

```
   ðÑOSTATUATOmNIA
   QUAeLOCUTUSeSTðÑS·
   eTðIXITSAmueLeT
   QUAeeSTUOXHUIUSGRAe
 5 GISINAURIBUSmeISet
   UOXBOUmQUAmeGO
   AUðIOeTðIXITSAUL
   eXAmALeCHAðTULIeA
   QUAePRAeðAUITPOPU
10 LUSOPTImAGRAeGISeT
   BOUmImmOLeNTUR
```

```
       DNO·DEO·TUORELIQUA
       AUTEMDISPERDIDIET
       EXTERMINAUI·
    15 ETDIXITSAMUELADSAUL
       EXPECTAETINDICOTIBI
       QUAELOCUTUSESTDNS·
       ADMENOCTEETDIXIT
       EISAULLOQUEREETDI
    20 XITSAMUELADSAUL·
       NONNEMINIMUSERAS
       TUINCONSPECTUTUO
       DUXSPECTORUMDE
       TRIbUISTRAHELETUN
    25 XITTEDNSINREGEM
       SUPERISTRAHELETMI
```

Hier tritt eine Berührung des Bildes mit dem Texte ein, jedoch nur durch das erste Bild. Die übrigen nehmen den weiteren Verlauf der Erzählung voraus. Die Anordnung der Bilder entspricht derjenigen des ersten Blattes.

Erstes Bild. Taf. III oben. (1. Sam. 15, 12 ff.) Gott hat seinen Beschluss der Verwerfung Sauls dem Propheten kund gemacht (v. v. 10, 11), und dieser besteigt den Wagen (circumegit currum; Septuag.: ἐπέστρεψε τὸ ἄρμα, dagegen Vulg. allgemein: venit ergo Samuel ad Saul), um den König aufzusuchen, und findet ihn in Gilgal b im Opfern.

Samuel fährt auf einer, von einem blaugrauen (Handseite) und einem rotbraunen Pferde gezogenen Biga heran. Er trägt ein langes faltiges Gewand von weisser Farbe, hält in der gesenkten Linken die Zügel und erhebt redend die Rechte nach dem Könige hin, der gerade im Begriffe ist, das Trankopfer aus einer Schale in die Flammen des Altars zu giessen. Am Fusse des Altars liegen zwei brennende Holzscheite. Eine imposante königliche Erscheinung, in doppeltgegürtetem Lederwams und goldgesäumtem roten Mantel, wendet Saul das unbehelmte, mit vergoldeter Tänie geschmückte Haupt übernacht dem Ankommenden zu. In einiger Entfernung stehen zwei Diener, der eine (links) in grüner Tunika und rotem Mantel, der andere in rotem Untergewande und grünem Überwurfe. Es ist eine eindrucksvolle, geschlossene Darstellung.

Die Goldaufschriften lauten links über Samuel SAMVHEL DE SCENDENS | IN GALGALA, über der Opferscene SAVL OFFERENS HOLOCAV | STVM im Anschluss an die Worte des Textes: et ecce Saul offerebat holocaustum Domino initia praeclarum quae adtulit ex Amalech. Ein Aufbau links im Hintergrunde ist vielleicht als Stadtthor von Gilgal zu deuten oder wenigstens als Kennzeichnung des Ortes.

In den Resten der Malanweisung ist, abgesehen von einzelnen Buchstaben, nur deutlich *Facis . . . . . . se contra regem Saul . . .*

Wir befinden uns hier ganz auf antikem Boden. In dem Könige Saul haben wir einen römischen Imperator vor uns (vergl. Fröhner, Les medaillons de l'Empire Romain, Paris 1878, S. 175 Alexander Severus, 276 Konstantin, 274 und sonst). Die Opferhandlung weiterhin erscheint wie aus der Beobachtung der Gegenwart oder der jüngsten Vergangenheit geschöpft und hat zahlreiche genaue Parallelen in der antiken Kunst (Fröhner a. a. O. S. 135; Reliefs der Trajanssäule her. von Fröhner pl. 35; auch die Mailänder Ilias tab. 13, 47 ed. Mai). Dasselbe gilt von der Biga (beispielsweise Fröhner a. a. O. S. 126, 127, 135; dazu die Mailänder Ilias tab. 48). Es bedarf keiner weiteren Ausführungen. Diese Scene könnte auch ein antiker Maler gemalt haben.

Zweites Bild. Taf. IV oben. (1. Sam. 15, 27.) Samuel teilt dem Könige die göttliche Verwerfung mit und schickt sich, ungeachtet seiner Bitten, an, ihn zu verlassen. Saul, um ihn zurückzuhalten, ergreift den Zipfel seines Mantels, doch zerreisst denselbe (Vulg.: et conversus est Samuel, ut abiret; ille autem apprehendit summitatem pallii ejus, quae et scissa est).

Diesen Moment hat der Maler erfasst. In fluchtartiger Bewegung entfernt sich Samuel nach rechts, den rechten Arm mit abwehrender Gebärde und Rede nach Saul hin erhebend, während dieser nacheilend den flatternden Zipfel des Mantels ergreift und zugleich mit der Linken den Davoneilenden am Arme zurückzuhalten sucht. Die Figur Samuels ist fast zur Hälfte zerstört. Über den Häuptern läuft die Goldschrift

SAVL TENENS SAMVHEL.

Dazwischen und darüber geht eine längere Kursivinschrift, die zum grössten Teil zu lesen ist: *Facis ubi* (?) .. *ucit* (usit?) *se propheta et rex Saul dum vult illum prendere, extremum de v(estimen)to ejus conscindit et ille . . . . t illum* (Schum S. 130 ... cit se profeta et rex dum vult illum prendere, extremum de vestimento ejus abscidit et cor g . . .).

Drittes Bild. Taf. III unten. (1. Sam. 15, 30 ff.) Samuel willfährt den Bitten des Königs und betet in seiner Gegenwart und in Gemeinschaft mit ihm zu Gott. Dann befiehlt er, den gefangenen Amalekiterkönig Agag, dessen Verschonung die Entzweiung mitveranlasst hatte, herbeizuführen.

Die Scenerie entwickelt sich von rechts nach links. Samuel und Saul erheben ihre Hände betend zum Himmel. Von der anderen Seite tritt Agag in gebückter, ängstlicher Haltung heran (Septuag. v. 32: προσῆλθε πρὸς αὐτὸν Ἀγὰγ τρέμων), mit dem Finger der einen Hand die Lippen berührend, indem er offenbar gerade die Worte spricht Septuag. v. 32: εἰ οὕτω πικρὸς ὁ θάνατος; (Vulg.: siccine separat amara mors?). In' ruhiger Haltung, die Hände im Schosse, wie es scheint, zusammengelegt, beobachtet ihn scharfen Blickes der Prophet, der über das Geschick des Gefangenen in seinem Inneren bereits entschieden hat.

Die einzelnen Personen sind mit den Inschriften bezeichnet

AGA REX   SAMVHEL   SAVL   SAMuhel

Die Kursive lautet: *Facis ubi rex Saul prophetam rogat ut .. se ... rogant deum*, wozu v. 25 Vulg.: sed nunc porta quaeso peccatum meum et revertere mecum, ut adorem dominum (auch v. 30) und v. 31: reversus ergo Samuel secutus est Saulem et adoravit Saul Dominum, zu vergleichen ist.

Viertes Bild. Taf. IV unten. (1. Sam. 15, 33.) „Und es sprach Samuel zu Agag: „Wie dein Schwert Weiber kinderlos gemacht hat, so soll deine Mutter unter den Weibern kinderlos sein." Und es zerhieb Samuel den Agag vor dem Herrn in Gilgal. Und es ging Samuel fort nach Rama und Saul stieg hinauf in sein Haus nach Gabaa."

Das Bild folgt genau dem Texte. Der Prophet hat den Amalekiter, der am Boden liegt und mit den Armen Anstrengungen macht, sich wieder aufzurichten, während in seinem Gesichte sich furchtbare Angst malt, am Genick gefasst und drückt ihn nieder. Die Rechte vollzieht vermittelst einer nicht mehr sicher zu erkennenden Waffe die Tötung. Zeuge ist Saul mit seinen beiden Begleitern. Diese letztere Gruppe ist fast zur Hälfte zerstört, wie überhaupt das Bild von schlechter Erhaltung ist.

In der Ferne auf der Höhe sind in blauem Tone Häuser flüchtig angedeutet, ohne Zweifel Gilgal. Ein von zwei Säulen getragener niedriger Aufbau hinter Samuel darf als Stadtthor gedeutet werden, vor allem im Hinblick auf den Wortlaut der Kursivinschrift.

In dem Raume zwischen Samuel und Saul läuft die Majuskelinschrift SAMVHEL INTERFI | CIENS REGEM AMA | LECHITARVM

Ergänzend tritt dazu die Kursive: *Facis civitatem et extra civitatem ubi propheta dextra(?) cocidit regem Agam desp... Saul ubi ... n contra* (Schum: civitatem et extra civitatem ubi profeta .... procidit regem alienum ... Saul ubi in contra ..).

DAS DRITTE BLATT (aus Magdeburg). Der Text (vgl. Taf. VII und
v. Mülverstedt S. 263) beschliesst 2. Sam. 2, 29 med. — 3, 5 unter der
Überschrift LIB· II·, zu welcher REGNORVM auf der Bildseite ergänzend
tritt. Z. 18 der ersten Kolumne springt E heraus. Von der zweiten Kolumne
ist nicht nur etwa die eine Hälfte ganz weggeschnitten, sondern auch die
andere durch Löcher und Brüche stark mitgenommen.

LIB· II·

I.

TRANSIERUNTIORDANĒ
ETABIERUNTTOTAMPRAE
TENTURAMETUENERUNT
INCASTRAMADIAMET
5 IOABREUERSUSESTDE
POSTABENNERETCON
GRAEGARUNTTOTUM
POPULUMETUISISUNT
APUERISDAUIDDECEM
10 ETNOVEMPUERISETASA
ELETPUERIDAUIDPERCUS
SERUNTDEFILIISBENIA
MININ·CCCLX·UIROSAB
ILLOETSUSTULERUNTA
15 SAELEMETSEPELIERUNT
ILLUMINMONIMENTO
PATRISILLIUSINBETHLĒ
ETABIERUNTTOTANOCTE
IOABETUIRIILLIUSETLU
20 XITILLISINCHEBRONET
FACTAESTPUGNAMAGNA
INTERDOMUMSAULET

II.

INTERDOMU(m)david
ETDAVIDIBAT(e)tcres
CEBATETDOMussaul...
ETINFIRMAB(a)tur.na
5 TISUNTDAVID(f)iliiIn
CHEBRONET(p)ri
MIGENITUSILIiusa
MONE(x)ACHI(n)oamis
TRAHeliTIDEsecun
10 DUSILIiUSDAiulaex
ABIGaeADEcarme
LOetterTIUsabsa
LONFILIUSMaacha
FILIAETHLOMairegis
15 GEZIRETQU(a)rtusor
NIASFILIUSAggithet
QUI(n)tUSSAPhatia
FILIUSABITal
(s)EXTUSIETHraam
20 (exae)GLAUXO(r)edavid
ISTInatiSUN(t)david
INCHebroN

Die Illustrationen berühren sich nicht mit dem Texte. Die drei letzten Bilder haben ihre Stelle in einem späteren Verlaufe, das erste wahrscheinlich vorher. Etwa ein Viertel des Blattes ist weggeschnitten. Am oberen Rande REGNORVM als Ergänzung zu LIB· II· der Textseite, wie bereits bemerkt.

Das erste Bild. Taf. V oben. Ein Mann in einem weissen, kurzärmeligen Untergewande mit roten Einsätzen und einem blauen Mantel erhebt redend die Rechte nach einer Person oder wahrscheinlich nach einer Gruppe hin, von welcher nur noch ein Fuss, offenbar eines sitzenden Mannes, erhalten ist. Zwei Männer in ähnlicher Ausstattung begleiten ihn. Eine Kursivinschrift bezeichnet ihn als *dux* und stellt ihn somit in Zusammenwirken mit der Analogie des folgenden Bildes als Abner, den Feldherrn Sauls, fest. Die Goldschrift ist gänzlich verschwunden. Die Deutung bietet daher Schwierigkeiten. Wahrscheinlich ist sie 2. Sam. 3, 12 ff. zu suchen und demnach die wichtige Sendung des von den Seinen umgebenen Abner an den siegreichen David dargestellt, wobei Abner als der direkt zu David Redende auftritt. Indes ist auch eine Beziehung auf 2. Sam. 2, 24 ff. möglich.

Kursivschrift ist ausser *dux* nicht zu erkennen.

Zweites Bild. Taf. VI oben. (2. Sam. 3, 17 f.) Abner hat sich in freundliche Beziehungen zu David gesetzt und wendet sich in derselben Absicht, dem unheilvollen Zwiespalte im Reiche ein Ende zu machen, an die Ältesten und Angesehenen Israels.

Mit einem Begleiter schreitet er von links heran und redet einen mit rotem Mantel bekleideten vornehmen Mann an, neben welchem sich weitere Personen gruppiert haben, die in lebhafter Teilnahme dem Vorgange folgen.

Über dem Haupte des Feldherrn ist in Kursive geschrieben *dux*, in Unciale ABNER, ebenso über der rechten Gruppe *populus* und darunter in Goldschrift . . . ISRAHEL.

Drittes Bild. Taf. V unten. (2. Sam. 3, 23 ff.) Auf einer Erhöhung steht Abner — die Beischrift ABNER — mit seinen zwei Begleitern. Ihm gegenüber dürfen wir entweder seinen Gegner Joab, den Feldhauptmann Davids, oder die von diesem ausgesandten Boten denken, welche die Einladung zu einer Unterredung überbringen. Tiefer unten wird ein am Boden liegender Mann von einem anderen durchstossen, ohne Zweifel Abner, den Joab verräterisch mordet. Die Inschrift über dem Haupte dieses letzteren scheint daher IOAB gelesen werden zu müssen.

Diese Deutung stellt sich mir als die wahrscheinlichere dar. Abgesehen von dem Anhalt, den sie in der Darstellung selbst hat, liegt diese Scene als ein bedeutungsvoller Vorgang zwischen den beiden Ereignissen, welche das vorhergehende und das anschliessende Bild vorführen.

Viertes Bild. Taf. VI unten. Begräbnis Abners (2. Sam. 3, 31). Auf dem sehr beschädigten Bilde erkennt man den von mehreren Männern in einem Sarge (oder Bahre?) getragenen Leichnam des ermordeten Feldherrn, wie die Inschrift CORPVS ABNER erklärt, welche durch die Kursive *dux* über dem Toten ihre Bekräftigung erhält. Eine zahlreiche Begleitung, von der indes nur einige Einzelheiten noch deutlich sind, umgiebt den Zug. Dass sich darunter auch David befindet (Vulg. v. 31: porro rex David sequebatur feretrum), geht aus der verstümmelten Inschrift hervor, welche den Namen DAVID zeigt.

Zum Vergleich kann auf ein älteres Relief in Aquileja, allerdings aus Augusteischer Zeit, aber mit starken Anklängen an unser Bild (Mitteilungen des Kaiserl. Deutschen archäologischen Instituts. Römische Abteilung V. 1890. S. 72) und auf zwei Begräbnisscenen in der Wiener Genesis, Taf. 26 und 48, hingewiesen werden.

DAS VIERTE BLATT (aus Magdeburg). Der Text (v. Mülverstedt, S. 262) hat als Inhalt 1. Kön. 5, 2—9. Z. 1 der ersten und Z. 9 der zweiten Kolumne springt E heraus. Die ersten drei Zeilen der ersten Kolumne sind rot geschrieben. Eine Überschrift ist nicht mehr zu erkennen.

I.

ETMISITSOLOMONAÐ
CHIRAMÐICENSTU
SCISÐAUIÐPATREM
MEUMQUIANONPO

5 TUITAEDIFICAREDOMŪ
NOMINEDEI·MEIAFA
CIEPUGNARUMCIRCŪ
GYRANTIUMILLUM·
USQUEDUMDARETILLOS
10 D̄N̄S·SUBVESTIGIAPE
DUMILLIUSETNUNC
PAUSAMDEDIT·D̄N̄S·
D̄S·MEUSMIHIINGYRO·
NONESTCONIURATUS·
15 ETNONESTINCURSUS
MALUSPROPTERHOC
EGODICOAEDIFICABO
DOMUM·D̄N̄I·IMEISI
CUTLOCUTUSEST·D̄S·AD
20 DAUIDPATREMMEUM
DIC(e)NSFILIUSTUUSQUĒ
DABOPROTESUPERTHRO
NUMTUUMHICAEDIFI
CABITDOMUMNOMI
25 NIMEOETNUNCPRAE
CIPE·CEDANTMIHITRA

II.

BESEXLIBANOETIBUNT
SERUIMEICUMSERUIs
TUISETDABOTIBIQUA(m)
CUMQUED(Ix)ErISQU(o)
5 NIAMTUScISQUONI(a)m
NONESTINNOBISUIR
QUISCIATCAEDERETR(a)
BESSICUTSCIUNTSIDOnI

```
        ETFACTUMESTUTAUDI
     10 UITCHIRArexVERBAs(o)
        LOMONISGAUISUSESt
        VALDEETDIXITBENEDIC
        TUS·DS·HODIEQUIDEDIT
        FILIUMDAUIDSAPIENTĒ
     15 SUPERPOPULUMMULTŪ
        REGEMETMISITADSO
        LOMONEMDICENSAU
        DIUIOMNIA·DEQUIBUS
        MISISTIADMEEGOFACI
     20 AMOMNEMUOLUNTA
        TEMTUAMTRABESCE
        DRINASETPINNASSERUI
        MEIFACIEntetDEDU
        CENTILLADELIBANO
     25 ADMAREEGOponam
        ILLASR(at)IbususqUEINLO
```

Diese Blattseite trägt nur zwei Illustrationen, welche in der Breite übereinander liegen. Sie haben sehr gelitten und sind nur noch in einigen Einzelheiten deutlich; daher ist auf die Reproduktion verzichtet.

Das erste Bild. Im Anschluss an den Text, und zwar genau an die Anfangsworte der ersten Kolumne ist die Sendung Salomos an den König Hiram dargestellt. Eine fast ganz zerstörte Figur links lässt sich nicht mehr bestimmen. Rechts daneben ist der Oberkörper einer zweiten zu bemerken, die einen Befehl erteilt, dem eine dritte in roter Tunika und grünem Mantel, mit erhobener Hand nach rechts eilend, Folge leistet. Die Überschrift SALOMON darf wohl auf jene mittlere Person bezogen werden nach Z. 1 f.: et misit Salomon ad Chiram. Diesen letzteren stellt, wie der Zusammenhang und die Überschrift CHIRAN REX sichern, die sitzende Figur vor, zu welcher der Bote sich hinbewegt. Von dem, was nach rechts sich anschliesst, ist mit Sicherheit nur noch der Unterkörper eines Mannes zu erkennen. Auf der obern roten Einfassung und darüber hinaus läuft eine längere Kursivinschrift, von welcher nur Fragmente zu lesen sind.

Das zweite Bild. 1. Kön. 8, 1 ff. Diese gleichfalls schlecht erhaltene Darstellung greift nicht nur dem Texte dieses Blattes, sondern auch dem Inhalte des an jenen anschliessenden, im Folgenden zu erwähnenden Blattes vor. Der Tempelbau wird als abgeschlossen vorausgesetzt. Unter der Überschrift TEMPLVM breitet sich links das Gebäude aus, umzogen von einer durch Türme bewehrten Mauer mit einem hohen Eingangsthor. An der inneren Seite des Umrings lehnen sich Säulenhallen an. Etwa ein halbes Dutzend Personen sind im Tempelbezirk beschäftigt, ohne dass ihre Beschäftigung sich mit Gewissheit erkennen lässt. Ich vermute, dass sie die Bundeslade und die heiligen Gefässe einbringen (v. 3 ff.).

Im Vordergrunde rechts kniet in grosser Figur, die Hände im Gebet erhebend, der König. Über ihm die Inschrift SALOMON | ORANS. Ihm gegenüber steht, die Scene rechts abschliessend, eine Gruppe von Personen in festlicher Gewandung. Die Scene findet ihr Erklärung in v. 14 f. Vulg: convertitque rex faciem suam et benedixit omni ecclesiae Israel; omnis enim ecclesia Israel stabat. Et ait Salomon: benedictus dominus Deus Israel u. s. w. Auf der unteren Einrahmung bezw. unter derselben sind in der ganzen Länge in vier Reihen Kursivzeilen geschrieben, deren voller Zusammenhang zwar nicht herzustellen ist, die sich aber auf den angezogenen Text und die ihm entsprungene Darstellung deutlich beziehen.

DAS FÜNFTE BLATT (aus Quedlinburg). Dasselbe enthält nur Text, und zwar 1. Kön. 5, 9—6, 7, und bildete demnach im Codex die genaue Fortsetzung zu dem eben besprochenen Blatte. Ich gebe den Text nach Ad. Düning (vgl. oben S. 4) und nach einer in der Handschriftenabteilung der Königl. Bibliothek in Berlin befindlichen Photographie. In der zweiten Kolumne Z. 23 springt E heraus und in der vierten Z. 17 ist IN nachträglich hineinkorrigiert.

LIB·III·

1.

CUMQUEMCUMQUEDI
XERISMIHIETEXPONAM
ILLASIBIETTUTOLLES·
SEDETTUFACIESUOLUN
5 TATEMMEAMUTDESPA
NESDOMUIMEAEETDA
BATCHIRASOLOMONI
TRABES·CEDRINASET
OMNEMUOLUNTATEM
10 EIUSFACIEBATETSOLO
MONDEDITREGICHIRAE
·XX·CHOROSTRITICIMA
CHITDOMUIEIUSET·XX·
BETHOLEISECUNDUM
15 HOCDABATSOLOMONRE
GICHIRAEINANNUM
ET·DNS·DEDITSAPIENTI
AMSOLOMONISICUTLO
CUTUSESTEIETERATPAX

20 INTERCHIRAMETSOLO
MONEMETPOSUERUNT
AMBOTESTAMENTUM
INTERSEETABDUXIT
REXSOLOMONHOMINĒ
25 CONTRIBUTIONEMEXŌ
NIBUSISTRAHELETERAT

II.

CONTRIBUTIO·XXX·UI(ro)
RUMETMISITILLOSI(n)
LIBANUMUTDECEMMI
LIAINMENSEMOPUS
5 FACERENTETSUCCEDE
RENTMENSEERANTIN
LIBANOETDUOBUSMĒ
SIBUSINDOMIBUSSUIS
ETERATADONIRAMSU
10 PERCONTRIBUTOSET
ERANTSOLOMONI·LXX·
PORTANTESSUBLATIO
NESET·XC·QUICEDEBAnt
INMONTEMLAPIDEM·
15 PRAETERPRINCIPESQUI
CONSTITUERANTSUPE(r)
OPERASOLOMONISTRIa
MILIAET·DC·MAGISTRi
QUIFACIEBANTOPERA
20 ETPRAEPARARUNTLA
PIDESETTRABESTRIBUS

ANNIS
ETFACTUMESTINQUADRĪ
GENTESIMOETQUADRA
25 GESIMOANNOPROFEC
TIONISISTRAHELEXAE

REGNORUM

I.

GYPTOINANNOQAR
(t)OMENSESECUNDO
REGNANTEREGESOLO
MONEINISTRAHEL·
5 ETPRAECEPITREXETSUS
TULERUNTLAPIDESMAG
NOSLAPIDESPRAETIO
SOSETPOSUERUNTIN
FUNDAMENTODOMUS
10 ETLAPIDESNONPOLITOS
POLIERUNTPUER(i)SOLO
MONISETPUERICHI
RAEETMISERUNTIL
LOSINANNOQUARTO
15 QUOFUNDAUITDOMŪ
·DN̄I·INMENSEXIIUIN
SECUNDOMENSEIN
UNDECIMOANNOIN
MENSEBAHALHICM̄Ē
20 SISESTOCTAUUSETCŌ

summata est domus
in omne rationem
(s)uamet in omnem
constitutionem suā·
25 et domus quam aedi
ficauit rex·d̄n̄o·XL·

II.

cubitis latitudo eius
et ante laman faciem
templi·XX·cubitis in lō
gitudine erat in la
5 titudine domus ante
faciem domus et dec̄c̄
cubitis latitudo eius
erat et aedificabit do
mum et consumma
10 uit illa et fecit in do
mo fenestras prospi
cientes abscon sas·
et dedit in parietem
domus cymatia in gy
15 ro templi et dabit rla
tera suptus quinque
cubitorum in cubito
latitudo eius et ter
tium septem·in cubitis
20 latitudo eius quoni
am diastemata dedit
in domo in ciruitu

ÒOMUSAFORISUTNŌ
TANGANTURPARIETES
25 ÒOMUSETÒOMUSAEÒI
FICARETURLAPIÒIBUS

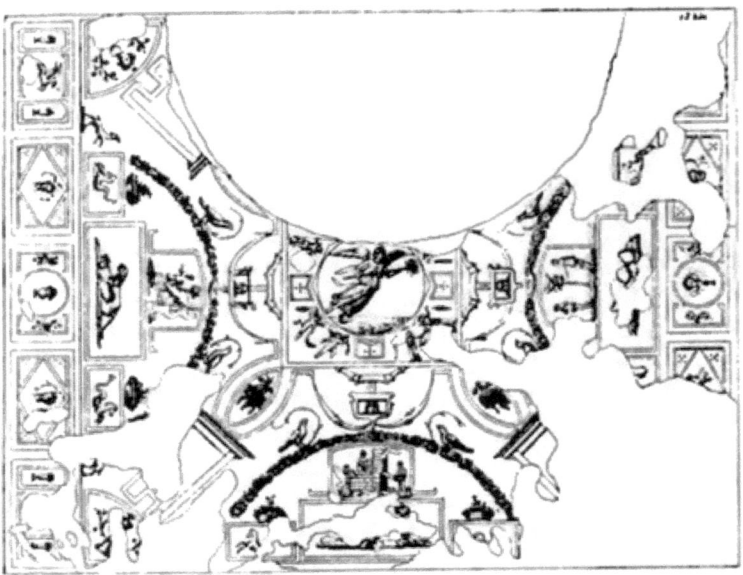

Deckengemälde des 2. Jahrh. in S. Gennaro (Neapel).

III.

Der Versuch, einen chronologischen Ansatz für die Quedlinburger Fragmente zu gewinnen, geht zweckmässig von dem paläographischen Bilde aus, welches sie bieten.[1]

Der Text ist in ausgebildeter Unciale geschrieben (Taf. VII), dieser Schriftform, welche im dritten Jahrhundert anhebt und ihre volle Ausbildung bereits im vierten Jahrhundert vollzieht. Trotzdem ist die zeitliche Sonderung der Uncialhandschriften zwischen dem vierten und der ersten Hälfte des fünften Jahrhunderts auf Grund paläographischer Beobachtungen in der Regel nicht mit Sicherheit, sondern nur mit grösserer oder geringerer Wahrscheinlichkeit zu vollziehen. In dem vorliegenden Falle dürfte bei den von Ernst Ranke aus dem Codex Fuldensis veröffentlichten alttestamentlichen Italafragmenten[2] einzusetzen sein, mit denen unsere Blätter in überraschender paläographischer Übereinstimmung bis in alle Einzelheiten hinein stehen. Der Herausgeber gewann aus sorgfältig geführten Untersuchungen den Anfang des fünften Jahrhunderts als Entstehungszeit der genannten

---

[1] Vergl. hierzu auch Schum, S. 124 ff.
[2] Ernestus Ranke, Veteris Testamenti versionis antehieronym. fragmenta e cod. Fuldensi eruta etc. Marburgi 1856–1857 (Universitätsprogramm).

Fuldaer Fragmente, worin ihm Zangemeister und Wattenbach beipflichten (Exempla codicum lat. litteris majusc. scriptorum, Heidelberg 1876 p. 5 unter XXI; dazu tab. XXI; vergl. auch Wattenbach, Anleitung zur lat. Paläographie, Leipzig 1869 S. 3). Aber ein in das vierte Jahrhundert gewiesener Codex palimpsestus Bobiensis, jetzt Vaticanus 5757, zu Cic. de rep. (Exempla cod. lat. tab. XVII, vergl. p. 5 und Palaeographical Society Taf. 112) bietet, nur in breiterer, kräftigerer Ausführung, genau denselben Typus, wie auch ein in dasselbe Jahrhundert gesetzter Evangeliencodex in Vercelli (tab. XX) mit zierlicher Schrift in gleichem Rahmen liegt. Andererseits scheiden sich die diesseits der Mitte des fünften Jahrhunderts fallenden Texte mehr oder minder scharf von der durch diese vier Handschriften repräsentierten einheitlichen Gruppe (vergl. tab. XXIII — XXVI. XXIX. XXX; Palaeographical Society Taf. 54).

Gegen die Möglichkeit, dass die Quedlinburger Fragmente schon im vierten Jahrhundert entstanden sind, lässt sich paläographisch ein Einwand nicht erheben.

Neben der Schriftform ist die Seltenheit der Abkürzungen, der Ligaturen und der Interpunktion Anzeichen eines hohen Alters.[1]) Auch auf den feinen Pergamentstoff kann in diesem Zusammenhange hingewiesen werden. Die Wortform ISTRAHEL ist von Ranke mit Recht als den ältesten lateinischen Bibelhandschriften eigentümlich bezeichnet worden.[2])

Die chronologische Beurteilung der Unciale gilt folgerichtig auch den Kursivinschriften, die an sich, bei dem ungebundenen Charakter dieser Schreibweise, genaurerem zeitlichen Ansatze widerstreben. Ein Vergleich indes beispielsweise mit den wahrscheinlich im sechsten Jahrhundert (so

---

[1]) Die Abbreviaturen und Interpunktionen sind im Druck kenntlich gemacht. Als Ligaturen kommen vor AE, OR, NT, VM, VS.

[2]) A. a. O. 1. S. 27f.

Ranke) geschriebenen Kursivscholien des eben genannten Codex Fuldensis (Exempla cod. tab. XXI) oder den etwa aus derselben Zeit stammenden Scholien einer vatikanischen Terenzhandschrift (tab. VIII) sichern jedenfalls den Quedlinburger Kursiven einen älteren Ursprung.

Die Goldaufschriften rühren nicht vom Schreiber, sondern vom Maler her, wie der paläographische Vergleich feststellt. Auch gebraucht der Miniaturist die Form SAMVHEL, während der Text selbst SAMVEL bietet.

Die kunsthistorische Betrachtung führt zu demselben Ergebnis.

Die christliche Kunst des fünften Jahrhunderts hat nichts zu bieten, das zu einem Vergleich unmittelbar auffordern könnte. Die Wiener Genesis, wie sehr auch Traditionen des Altertums in ihr fortwirken, markiert in ihrer Gesamterscheinung eine spätere Stufe der Entwickelung als diese noch ganz auf antikem Boden und in antiker Eigenart stehenden Malereien.

Die Natürlichkeit der Auffassung, verbunden mit sicherem Verständnis des Hauptmoments des Vorganges, die Klarheit und Einfachheit des Entwurfes und das noch auf achtenswerter Höhe stehende sorgfältige und zugleich freie künstlerische Können scheiden sie durchaus von den Wiener Bildern in ihrer Ganzheit. Der Gesamteindruck ist ein anderer. Es gehen dem Maler der Quedlinburger Fragmente Vorzüge der Miniaturen der Wiener Genesis ab, doch nicht solche, welche zu Gunsten eines höheren oder auch nur des gleichen Alters in die Wagschale geworfen werden dürften. Archäologische Einzelheiten stellen denselben Unterschied von früher und später heraus. Der Vorliebe für bärtige Figuren in der Wiener Genesis,[1] fast überall in der christlichen Kunst ein Anzeichen späterer Entwickelung, steht die jugendliche Auffassung des bejahrten Samuel, der Propheten und des Königs

---

[1] Noah, Abraham, Melchisedek, Loth, Jakob, um nur die Hauptpersonen zu nennen.

Salomo in unseren Miniaturen gegenüber. Dort ist die Einwirkung byzantinischer Hoftracht und der militärischen Ausrüstung des fünften Jahrhunderts unverkennbar,[1]) hier dagegen befinden wir uns im Kreise der älteren Sitte. In König Saul haben wir einen kriegsgerüsteten römischen Kaiser des dritten oder vierten Jahrhunderts vor uns. Die Begegnung Samuels mit dem Könige von Israel bei der Opferhandlung (Taf. III oben) und das Zusammentreffen Sauls mit den Propheten (Taf. I unten) sind nach Inhalt

Joseph vor Pharao (Wiener Genesis).

und Komposition Scenen, welche für die Anschauung und Gestaltungsweise der Künstler der Wiener Genesis einfach Unmöglichkeiten sind, wohl aber könnten wir sie uns als römische Malereien des dritten Jahrhunderts vorstellen. Es mögen auch die Begräbnisscenen Taf. 26 und 48 der Genesis mit der Bestattung des Feldhauptmanns Abner verglichen werden. Der Einwand, dass die Wiener Bilder griechischen Ursprunges sind und dem-

---

[1]) Vergl. W. Lüdtke, Untersuchungen zu den Miniaturen der Wiener Genesis, S. 33 ff.

entsprechend für sich beurteilt sein wollen, würde berechtigt sein, wenn nicht auch die isolierte Betrachtung, ohne Vergleichung mit den Quedlinburger Fragmenten, sie als ein Werk des fünften Jahrhunderts erwiesen hätte.[1])

Noch grösser ist der Abstand der übrigen christlichen Miniaturen.

Die Josuarolle, um nur diese als die wahrscheinlich zunächst anschliessende zu nennen, befindet sich in schwankender Stellung zwischen Altertum und Byzantinismus, eine Thatsache, über welche ihre lebensfrische

Josua und die Kundschafter (Josuarolle).

Art und ihr antikes Inventar nicht täuschen dürfen. Unsere Abbildung mit den echt antiken Städtepersonifikationen auf der einen und den in echt frühbyzantinischem Typus erfassten Kriegern auf der anderen Seite ist dafür charakteristisch.[2])

[1]) Siehe darüber die sorgfältigen Ausführungen von Lüdtke, S. 31 ff.
[2]) Vergl. dazu die nicht minder lehrreichen Taf. 108 der Palaeographical Society und Taf. C in der obengenannten Ausgabe der Wiener Genesis von v. Hartel und Wickhoff.

Die Skulpturen, die Mosaiken, die Goldgläser und die geringen Reste von Wandmalereien des fünften Jahrhunderts führen zu demselben Ergebnis. Ein flüchtiger Blick könnte gelegentlich in die Versuchung führen, Anklänge oder unmittelbare Ausklänge zu finden (s. den ravennatischen Sarkophag S. 8), aber ein schärferes Zusehen wird immer wieder bald die Korrektur geben.

Einen bestimmten Anhalt gewähren die antiken illustrierten Hand-

Achates, Aeneas und die kumäische Sibylle (Cod. Virg. Vat. 3225).

schriften des vierten und fünften Jahrhunderts. Die Mailänder Ilias zunächst aus dem fünften Jahrhundert[1]) steht, als Ganzes angesehen, den Quedlinburger Fragmenten unzweifelhaft näher, als die Wiener Genesis. Es ist wesentlich dieselbe Wirklichkeit und dieselbe Auffassung, in der sich beide begegnen. Dagegen ist der künstlerische Abstand ein grosser. Der mit Hekuba und Laodike zusammentreffende Hektor (Palaeogr. Soc. Taf. 40;

---

[1]) Homeri Iliadis picturae antiquae ed. Angelus Mai, Mailand 1819, 2 A. Rom 1835.

Mai tab. 24), noch mehr die Gestalt Agamemnons in der Schlacht vor den Schiffen (Palaeogr. Soc. Taf. 50; Mai tab. 29) und die Beratung des Diomedes mit Nestor (Palaeogr. Soc. Taf. 51; Mai tab. 32) laden sofort zu einem Vergleich mit Personen und Vorgängen unserer Fragmente ein, aber das Ergebnis fällt zum Nachteil der zwar sicher, aber breit und robust ausgeführten Mailänder Bilder aus.

Ganz übergehen darf man die Miniaturen zum vatikanischen Virgil n. 3867, dessen Ansetzung in das fünfte Jahrhundert durch Mai heute noch zu Recht besteht.[1] Anders verhält es sich mit dem, dem vierten Jahrhundert angehörenden illustrierten Virgilcodex 3225.[2] Immer wieder treten darin Züge engster Verwandtschaft, kunstgeschichtlicher Zusammengehörigkeit mit den Italaminiaturen vor das Auge. Der die Hände zu den Göttern erhebende Anchises (Beissel Taf. 3; v. Hartel und Wickhoff Taf. E; Mai tab. 27) hat sein überraschendes Ebenbild in den betenden Samuel und Saul (Taf. III unten). Achates und Äneas, im Begriff, die kumäische Sibylle zu befragen (s. Abbildung, dazu Mai tab. 2; 19; 20), führen uns unmittelbar zu der Darstellung Taf. I oben heran. Auch die Opferhandlung des Latinus (Mai tab. 53) hat ihre ziemlich genaue Parallele an dem Opfer Sauls (Taf. III oben). Die Kriegsrüstung, die Tracht überhaupt, der Speer in der Hand des Äneas und die um sein Haupt geschlungene Tänie, die die Hauptfiguren benennenden Inschriften und andere mehr oder minder wichtige Einzelheiten bestärken den Eindruck stilistischer und zeitlicher Zusammengehörigkeit beider Illustrationswerke.

Demnach ist der chronologische Ansatz dieses Virgilcodex für die

[1] Virgilii picturae antiquae ex codicibus vaticanis, Romae 1835, p. 1 ff. Photographische Proben bei Beissel, Vatikanische Miniaturen, Freiburg 1893, Taf. 1; v. Hartel und Wickhoff a. a. O. Taf. D; Palaeogr. Society Taf. 114.

[2] Ang. Mai a. a. O.

Quedlinburger Miniaturen zu übernehmen. Beide schliessen sich zugleich zusammen mit dem Besten, was die christliche Kunst im vierten Jahrhundert überhaupt hervorgebracht hat, wie die Reliefs des Sarkophages des Junius Bassus aus dem Jahre 359, die Berliner Elfenbeinpyxis und die Lipsanothek in Brescia. Nur innerhalb der Grenzen des vierten Jahrhunderts und in der Zusammenfassung mit den höchsten Leistungen der christlichen Kunst jener Zeit sind diese Miniaturen verständlich. Löst man sie aus diesen Zusammenhängen, so würde man gezwungen sein, sie in fremder Umgebung als eine aussergewöhnliche Erscheinung anzusehen. Wenn nicht die Paläographie Einspruch erhöbe, in den Bildern selbst liegt kein Hindernis, sogar in das dritte Jahrhundert, in die Nähe der klassischen Periode der cömeterialen Malerei zurückzuschreiten. Was in S. Priscilla, S. Domitilla und in den ältesten Anlagen von S. Callisto in Rom und in S. Gennaro in Neapel von christlichen Malereien auf uns gekommen ist, tritt in den Quedlinburger Miniaturen noch einmal vor uns hin.

Psyche (S. Domitilla).

IV.

Drei Jahrhunderte hindurch liegt uns die älteste christliche Kunst nur in abendländisch-italischer Ausprägung vor. Der Bestand deckt sich fast gänzlich mit dem, was in den Katakomben zu Rom und Neapel sicher geborgen auf uns gekommen ist. Erst im Zeitalter Konstantins erweitert sich der Kreis, und zwar in doppelter Hinsicht: im Westen gliedern sich die Provinzen, in erster Linie Nordafrika und Gallien, an, und im Osten kommt zum erstenmal das künstlerische Schaffen des christlichen Hellenismus hervor.

Dieses successive Eintreten in unsere Kenntnis ist nicht identisch mit der Entstehungsgeschichte der Kunst hier und dort, als ob geschichtliche Erscheinung und Ursprung sich decken müssten. Es gehört zu den verhängnisvollen Dogmen neuester kunstgeschichtlicher Anschauung, dass die Anfänge der christlichen Kunst sich an Rom knüpfen und Rom als die kraftvoll nach aussen wirkende Metropole dieser Kunst vorzustellen sei. Im Gegenteil wird jede geschichtliche Betrachtungsweise sich fest an die Voraussetzung gebunden fühlen, dass dasselbe christliche Griechentum, welches in der Kirche die ersten Verfassungs- und Kultusformen prägte, die religiöse und theologische Litteratur fast zwei Jahrhunderte unbestritten beherrschte und in einer Zeit, wo im Abendlande das Christentum kaum noch die Bannmeile der Grossstädte überschritten hatte, in den Kulturländern des Ostens von Achaja bis zum Zweistromgebiet, von Pontus bis Ägypten in unzähligen Gemeinden, darunter Kulturstädte ersten Ranges, wie Korinth, Thessalonich, Nikomedien, Ephesus, Antiochien, Alexandrien, als religiöse und geistige Macht lebte, der natürliche Boden der ersten Kunstbestrebungen in der neuen Religion gewesen ist. Wenn einmal die Zeit kommt, wo die noch verschlossenen unterirdischen Grabstätten der östlichen Christenheit sich aufthun, wie in Rom, Neapel, Syrakus und sonst, so wird dieser geschichtlich-logische Schluss seine sichere monumentale Bekräftigung erhalten.

Die christliche Kunst des vierten Jahrhunderts gewährt im grossen und ganzen einen gleichartigen Anblick. Erwachsen aus denselben religiösen Gedanken, gestellt auf dieselben Ziele und andererseits eng verflochten mit dem griechisch-römischen Kunstkosmopolitismus, aus dem sie ihre Technik, ihre Theorie und ihre Formenwelt nahm, musste sie zu einem gewissen Einerlei des Inhaltes und der Erscheinung gelangen. Je reger der Verkehr zwischen Ost und West und weiterhin zwischen den Muttergemeinden und ihren Töchtern sich abspielte, und je stärker das Gefühl der religiösen und kirchlichen Zusammengehörigkeit war, desto deutlicher musste auch die künstlerische Einheit hervortreten. So mögen wir uns vorstellen, dass diese im zweiten und dritten Jahrhundert in höherem Grade vorhanden war als im vierten, wo Sonderbestrebungen anfingen, das umfassende Einheitsbewusstsein zu schwächen und je länger desto mehr zu zerstören. Der Verlauf der Kirchengeschichte belehrt darüber, wie gegen Ende des vierten Jahrhunderts die östliche und die westliche Christenheit sich in steigendem Masse entfremdeten. Kirchliche Machtfragen, theologische Differenzen, politische Erwägungen lockerten das alte Band. Die Kirche des Orients und des Occidents entwickelten sich mehr und mehr partikularistisch, bis zum Gegensatz, ja bis zur Gegnerschaft. Bereits im fünften Jahrhundert verstand man sich nicht mehr. Augustinus ist der klassische Zeuge dafür. Zugleich erstarken in diesen beiden grossen Gebieten provinziale Kräfte und Eigentümlichkeiten, allerdings vorwaltend im Osten, wo Armenien, das Syrertum und Ägypten aus dem Allgemeinen sich schärfer herausheben. Im Abendlande kann man auf Gallien und Nordafrika hinweisen; doch gelangte hier der Partikularismus weniger zum Ausreifen, weil die gesamte Entwickelung damals rasch abwärts ging.

Man muss sich diese Verhältnisse gegenwärtig halten, um die nachkonstantinische Kunstentwickelung zu verstehen. Denn nur auf dieser Unterlage ist sie zu begreifen.

Es ist allgemein zugestanden, dass seit der Mitte des vierten Jahrhunderts griechisch-christliche und römisch-christliche Kunst eigenartig nebeneinander bestehen. Die Elfenbeinschnitzereien stellen diesen Thatbestand zuerst und am deutlichsten hervor. Wie immer man im einzelnen Falle urteilen mag, griechische und lateinische plastische Werke dieser Gattung sind im vierten Jahrhundert mit ausgeprägter Eigentümlichkeit vorhanden.[1]) Die sogen. Goldgläser andererseits, soweit sie derselben Zeit angehören, sind nur als Sprösslinge auf abendländischem Boden begreiflich. Zahlreiche Sarkophagreliefs aus den Cömeterien und Basiliken Roms wollen ebenso angeschaut werden; die im folgenden Jahrhundert aufkommenden ravennatischen Gegenstücke von rein oder gemischt griechischer Herkunft gestatten darüber keine Ungewissheit. Die erste grosse Mosaikkomposition auf römischem Boden, das Apsismosaik in S. Pudenziana aus dem Ende des vierten Jahrhunderts, ist römisch gedacht. Römisch sind auch die Personifikationen der heidenchristlichen und judenchristlichen Kirche in S. Sabina auf dem Aventin aus nur wenig späterer Zeit. Dagegen redet in den biblischen Erzählungen in S. Maria Maggiore — wahrscheinlich aus der Zeit Sixtus' III., 432—440 — scharf

---

[1]) Georg Stuhlfauth, Die altchristliche Elfenbeinplastik, Freiburg, Leipzig 1896. Dazu jedoch Greeven in den Göttinger Gelehrten Anzeigen, 1897, S. 50 ff.

charakterisierte griechische Kunst zu uns. Für eine spätere Zeit stelle man etwa die Mosaiken in S. Vitale und in S. S. Cosma e Damiano in Vergleich.

Jede Einzeluntersuchung wird mit Sicherheit dahin führen, dass um die Mitte des vierten Jahrhunderts in unserem gegenwärtigen Besitze Erzeugnisse griechischer und abendländischer Kunst vorhanden sind. Die Scheidung ist zunächst keine scharfe, aber sie wird in dem Masse grösser, als die beiden Hälften der Christenheit die Gemeinsamkeit aufgeben und eigene Wege gehen. Ein Gemeinsames bleibt, sowohl weil auf beiden Seiten unveräusserliche Traditionen der Form und des Inhaltes da waren, als auch weil aus derselben religiösen Quelle Anregung und Stoff weiterhin flossen. Der Umstand, dass während des Prozesses dieser Entfremdung der Osten neue künstlerische Impulse empfing,[1]) während das Westreich in die Verwüstungen der Völkerwanderung hineingezogen wurde, musste diese auseinander strebende Entwickelung beschleunigen. Einen Zeitpunkt der voll ausgebildeten Eigenart der byzantinischen Kunst zu nennen, ist nur unter Vorbehalt möglich. Unter Justinian hat sie jedenfalls ihre volle Reife erreicht.[2])

Von grundlegender Bedeutung für diese ganze Frage sind unsere Fragmente. Unbekannt mit denselben, hat die Kunstforschung bisher die altchristliche Buchmalerei ausschliesslich nach der Ausprägung beurteilt, welche sie in der hellenistisch-christlichen Kunst gefunden hat. Denn für die ersten sechs Jahrhunderte lagen ihr nur griechische Denkmäler vor. Erst im siebenten Jahrhundert, also an der Schwelle des Mittelalters, kam mit dem Ashburnham Pentateuch die abendländische Miniaturmalerei in den Gesichtskreis, einem Werke, in welchem die ältere Kunst nur in Ruinen fortlebt. Es schien keine

---

[1]) Jos. Strzygowski, Die byzantinische Kunst (Byzantinische Zeitschrift, 1892, S. 61 ff.).
[2]) Über die byzantinische Frage vgl. das kritische Referat bei F. X. Kraus, Geschichte der christlichen Kunst, I. S. 538 ff.

Möglichkeit gegeben, wie die abendländische Textillustration vorzustellen sei. Wir sahen nur eine weite Leere, durch die sich keine Führung bot.

In diese Lücke setzen die Quedlinburger Bilder ein. In ihrer besten Zeit, vielleicht mit ihrer höchsten Leistungsfähigkeit tritt in ihnen die Buchmalerei des Westens unerwartet hervor. Wie gering auch die Zahl der Illustrationen und wie mangelhaft die Erhaltung ist, wir finden durch sie einen festen Boden da, wo jeder Halt fehlte, und ein sicheres Urteil, wo bisher nicht einmal Vermutungen zulässig waren. Nun wissen wir, dass der Reihe trefflicher Leistungen der abendländischen christlichen Plastik im vierten Jahrhundert die Buchmalerei Ebenbürtiges an die Seite stellen konnte, und gewinnen eine weitere Verbürgung dafür, dass der Niedergang der christlichen Kunst im Westen seit dem Zeitalter Konstantins eine vorsichtigere Beurteilung als herkömmlich erfordert. Daher mögen die Quedlinburger Fragmente auch ihrerseits an die unerlässliche Aufgabe erinnern, das Wesen der abendländischen christlichen Kunst überhaupt des vierten und fünften Jahrhunderts in ihrer Gesamterscheinung und in ihrer Besonderheit gegenüber der griechischen Schwester allseitig zu erfassen und geschichtlich zu werten. Dann erst wird es möglich sein, über die Probleme eine Verständigung und Entscheidung herbeizuführen, welche die beiden Jahrhunderte dem Archäologen und dem Kunsthistoriker stellen.

Wandgemälde des 3. Jahrh. in S. Callisto (Rom).